별들에게 묻노라

별들에게 묻노라

위맹량 시집

을지출판공사

| 시인의 말 |

나는 항상 이름 모를 야생화를 보면
감사의 뜻을 전한다.
자연은 언제나 나에게 순수한 시상을
일깨워 주기 때문이다.
이제 여섯 번째 시집을 펴내면서
아쉽고 부족한 마음은 여전하다.
내 인생 팔십에 펴낸 시집이라고 생각하니
더욱 감회가 깊다.

2019년 9월에

시헌(是軒) 위맹량(魏孟良)

Contents

차례

Contents

제 2 부 바람이 분다

Contents

제 3 부 깊어 가는 봄

Contents

제 4 부 낙엽의 외침

Contents

제 5 부 가을의 대화

제 6 부 겨울 둥지

제 1 부

꽃향기

돌 틈을 비집고 나온
아리따운 들꽃 한 송이

따스한 봄날을 맞아
망설임 없이 풍기는 향기

연꽃

불심이 깊은
멕시코 바이어

따라 나온 곳은 조계사
사찰 앞 마당은 연꽃 만발한
연못처럼 보인다

수많은 질그릇에 심어 가꾼
놀라운 연화마당이 아닌가

찾아온 신도들과 관광객은
모두가 놀라며 기뻐하는 표정

부처님과 연꽃의 사연을
아는 자 몇이나 될까

활짝 웃는 연꽃의 미소
부처님의 자비심 덕에

평화로운 세계가 펼쳐 보인다

삶에 상처받은 자
새 희망을 꿈꾸는 자

모두가 합장하고 기도하니
부처님의 깊은 은혜 받아

무거운 마음 내려놓고
새로운 내일을 설계하리라.

개망초

매서운 폭염 아래
하늘 우러러
미소 짓는 개망초

높고 푸른 가을 하늘
기다리는 속마음
남모르는 소망이 깊었던가

여름과 가을 사이
그리도 가까운 계절이거늘
그리움은 멀기만 하네

보고픈 사촌의 얼굴
아리따운 국화의 미소

이룰 수 없는 그리움
안타까운 소망이여.

나팔꽃

울타리 휘어잡고
늦가을에 핀 나팔꽃

하늘 우러러
무슨 말을 속삭이는가

진분홍빛 고운 얼굴
수심 가득한 안타까움

너의 소망을
나도 함께 빌어 주마

오늘 밤엔 제발
찬 서리 내리지 말아 다오.

영춘 대화(迎春 對話)

차가운 비탈길 한편
외롭게 서 있는
살구나무 한 그루

앙상한 가지 위에
날아온 까치

머리를 조아리며
나무에게 묻는다

"봄은 언제쯤 오나"

"싹트는 내 꽃눈을 보지 못 했구나
봄은 벌써 와 있지
그래서
나는 봄맞이에 정신없단다"

살구나무의 대답이다

"아! 정말 그렇구나
오직 봄을 기다리는
내 마음 뿐
남들의 봄맞이 준비를
살피지 못했구나
어서 내 짝을 찾아
봄맞이 가야겠다"

까치는 훨훨 날아간다

"아니
누구보다 먼저 새로운 소식을
알려 준다고 자만하더니
어찌 이 봄이 오는 것을
감지 못했을까"

중얼거리는 살구나무의
불만이다.

꽃향기

돌 틈을 비집고 나온
아리따운 들꽃 한 송이

따스한 봄날을 맞아
망설임 없이 풍기는 향기

쉴 틈 없는 벌 나비뿐
인간은 무심코 지나가누나

함께 즐기자는 들꽃의 외침
귀 기울여 듣는 자 몇이나 될까

발길 멈추고 바라보는 자
나뿐인가 하노라.

들꽃

아무도 쳐다보지 않는
들길 저편 언덕 위

곱게 핀 들꽃 한 송이
임 그리워 손짓하는가

엄동설한 극복하며
봄을 기다리던 애태움

아리따운 봄처녀 넋으로 피어
나그네 발길마저 멈추게 하네

임 그리워 안타까운 내 마음
들꽃 사랑 안고 발길을 재촉하네.

민들레

봄이 왔어요
봄이 왔네요

민들레 외치는 소리

사람이 밟고 지나가는
오솔길 한편
돌 틈을 비집고 봄맞이 나온
아리따운 한 송이 민들레꽃

봄 인사를 듣지 못하고
무심코 지나가는 사람들

민들레는 안타까워
온몸을 흔들며
봄소식을 알리는구나

봄이 왔어요
우리 함께 봄날을 즐겨요.

커피숍

토요일 오후
동네 커피숍은 만원이다

카운터의 두 아가씨
서빙에 정신없이 바쁘지만
보람을 느끼는 표정이다

연인끼리 찾아온 팀은 많지 않고
제각각 들고 온 책 읽기 바쁜 이들
오랜 시간을 독서실처럼 이용하고 있다

커피숍의 종업원에겐
무관하게 생각될 수 있겠지만

주인이 보고 있다면
마음이 편치 않을 듯하구나

조용한 멜로디만 그칠 줄 모르고
손님들의 마음을
정답게 어루만지고 있다.

낙엽

커피숍 창가에 앉아
물끄러미 창밖을 바라본다

사정없이 질주하는 자동차
차도에 깔려 굴러가는 낙엽

낙엽은 자동차 바퀴에 밟히고
바람에 지체 없이 쓸려 간다

한때는 싱싱한 가지에 활짝 피어
마음껏 푸름을 자랑하고
춤추던 시절이 있었지
세월의 무상함을 알고 있었을까

이제
낙엽은 어디로 가는 길일까
바람이 몰아치는 곳은 어디일까

나도 언젠가는 낙엽과 같은
인생의 종말이 오겠지
어떻게 준비해야 할까.

이심전심

이제는
팔십 고개를 넘은
할아버지 동창생

오랜만에 모여
점심을 함께하며
거침없이 떠드는 소리

그동안 억지로 참아 오던
답답함을 감춤없이
동창 앞에 털어놓은 기쁨

말 상대도 편치 않고
하루를 보내기도
외롭고 지루한 노년의 세월

동창 모임이라도
자주 있었으면 하고

염원하던 외로운 나날들

서로가 말하지 않아도
이심전심일세.

아침 이슬

별들은
지난밤 누구와 속삭이며
밤을 지새웠나

슬픈 사연이었나
기쁜 소식이었나

밤새도록
쏟아 보낸 눈물

해맑은 이슬로 내려
아침 햇살에 빛을 토하네

이슬에 듬뿍 젖은
보리밭 길 헤치며
엄마 마중 가는 어린 남매

조잘대며 뛰어가는
희망찬 귀여운 발걸음
내 유년을 일깨우는 부러움이여.

노랑나비

노랑나비 한 마리
바람을 거슬러 날아간다

꽃을 찾아가는 나비의 길
바람은 막을 수 없다

둘러보아도 꽃은 보이지 않고
내 코를 자극하는
한 점 향기도 없는데

나비는 바쁘기만 하다
참으로 신비로운 자연의 섭리

꽃을 찾아 달콤한 꿀을 먹지만
꽃의 수정을 돕는
보람된 일을 하는 나비

이제는
바람마저 포기하고 마는구나
마침내 꽃을 찾은 나비의 열정.

제 2 부

바람이 분다

내가 외치는 소리
그대 귀에 울릴 때까지

멈추지 말고 불어 다오
고마운 바람이여!

자연의 신비로움

앞뜰 화단에 펼친
향기로운 봄 잔치

화사한 오월의 햇살 아래
이름 모를 꽃들이
자기만의 색깔을 자랑하며
자유롭게 봄날을 즐기고 있다

실바람은 가끔씩 불어와
꽃향을 사방으로 날리고
나비들은 향기를 따라 꽃을 찾는다

언어가 필요 없는 세상
새 역사를 창조하는
자연의 신비로움

무심코
바라보고만 있는 나는

이 자연의 일원으로
어떤 역할을 해야 하나…….

파키라

커피숍 찻상 한편에 놓인
파키라 화분 하나
내 마음을 아프게 하네

몸통은 작은 계란형 화분에 끼어
쇠사슬보다 강한 억압 속에 말려

빛바랜 다섯 잎 두 줄기
서럽고 안타까운 심정
손님에게 하소하는가

주인의 명은
손님을 즐겁게 맞으라 했지만
왠지 동정 서린 애절한 모습

공생을 모르는
인간의 무지한 자존감은
자연을 괴롭히고 해칠 뿐

상생의 기본도 잊은 채
지성과 반성은 찾아볼 수 없구나.

세월의 무상

다시 찾아온 커피숍
창밖을 바라본다

앙상한 가지에 매달린
빨깐 감, 감들이 나를 반긴다

한 달 전만 해도
감은 보이지 않고

붉게 물든 감잎들만
깊어 가는 가을을 알리며
내 마음을 안타깝게 하였지

이제 감잎은 다 어디로 떠나고
짙게 물든 감들만 남았는고

까치는 이 가지 저 가지를 오가며
달콤한 홍시를 찾고 있구나

아 세월의 빠름이여
나는 어떤 마음으로
이 겨울을 맞이해야 하나.

은행 잎

책갈피 속에 잠든
은행 잎 하나

지난해 가을빛을
곱게 간직한 채

세월의 무상함을
반추하는가

꽃잎보다 아름다운
곱디고운 잎새의 미소

천년만년 영원한
은행의 여운이여.

바람이 분다

바람이 분다
멈추지 말고 불어 다오

—사랑해 당신!—

내가 외치는 소리
그대 귀에 울릴 때까지

멈추지 말고 불어 다오
고마운 바람이여!

홍정

우리 생활 속에는 항상
홍정이라는 꽃이 핀다

개인과 개인은 물론
민족과 민족 간에
국가와 국가 사이에서
그칠 줄 모르는 크고 작은 홍정

공존과 상생의 홍정은
화려하고 향기 짙은
꽃을 피우지만

갑질이 낳은 홍정의 꽃은
향기 없는 메마른 꽃을
피울 뿐이다.

가을 하늘 바라보며

더없이 맑고 깊은 가을 하늘
구름 한 점 없고 푸르기만 하네

풍랑이 지난 평화로운 바다를 보는 듯
내 마음마저 빨려 가는 가을의 유혹

침묵에 잠긴 가로수에 앉은 비둘기
분주히 오고 가는 인간을 내려다보며
너는 무슨 생각을 하느냐

수확의 계절 풍성한 가을이 가고
차가운 겨울이 다가옴을 알기에

나는 먼 나라로 시집간
막내딸 소식이 궁금하여
답답한 마음 하늘에게 안부를 묻는다.

글래스 캣피시(Glass catfish)

아리따운 속살을
감춤 없이 세상에 노출시키고
부끄러움 모른 채 유영하는
네 참뜻이 궁금하구나

비늘로 몸을 덮기에는
사치스럽다 생각했더냐

남다른 네 자랑 때문에
인간은 너를 가두어 놓고
관광객을 유치하는
수단으로 이용하는구나

너의 노출된 몸
존재의 이유를 아는 자 누구일까
조물주의 실수였을까

네가 대답하지 않으니
세상에 묻는다
글래스 캣피시여!

* 광명동굴에서(2017. 10)

시의 산고(産苦)

하늘은 푸름이 깊어만 가고
산야는 붉게 짙어가는 늦가을

나 홀로 산길을 간다

가끔씩
찬 바람이 고요를 깨고 스친다

붉게 물든 잎새들
우수수 슬픔을 토하며
이별을 고하는 소리

나에게 알리는
잎새의 마지막 여운
걸음을 멈추고 귀 기울이지만

멧새의 지저귐마저
나에게 부담을 줄 뿐

이 자연이 내게 던지는
메시지를 어떻게 대변할까
펜을 들고 고심에 잠긴다.

8월이 오면

8월이 오면
타임머신을 타고 고향에 돌아간다

우리 마을 동각 앞마당에 모여
징과 꽹과리 우렁찬 농악소리
모두가 흥겨워 춤을 춘다

벌거숭이 일곱 살 소년도
아리랑 춤을 춘다

아버지는 오늘이
해방된 날이라고 했다
무더운 하늘 아래
모두 다 한마음 되어
노래하고 춤추는데

놀라운 고함 소리 하나
농악을 멈추라고 한다

한순간 적막이 흐르고
그는 외쳤다
"여러분, 나는 벙어리가 아닙니다"

목메인 소리
분노와 회한의 눈물이 이슬처럼 맺힌다

언제부터인가
우리 동네에 들어와 걸인 행세하며
살아왔던 벙어리 아저씨

일제의 강제 징용에 끌려가기 싫어
못 들은 척 귀 막고 벙어리로 살아온 것이다

오늘이 있기까지 온갖 괄시와
천대를 받으며 허기와 절망 속에
귀와 입을 봉해 버린 세월들

일제의 잔혹한 식민정책
강제로 창씨개명하고
우리말 우리글을 사용할 수 없었던 암흑의 시대

이것이
일곱 살 소년의 생생한 기억
8 · 15 해방!

이 생명이 다할 때까지 결코 지울 수 없는
영원한 우리 역사의 파노라마.

이대 교정을 거닐며

아름다운 교정의 길
현무암 산책 길

새록새록 피어나는 잔디
새 봄맞이 환영의 손짓

배꽃은 어디 있나
둘러봐도 보이지 않네

그룹끼리 속삭이며 오가는
정다운 여대생들
순백의 이화가 아니던가

교정을 새롭고 밝게 물들인
내 조국 희망의 배꽃이여.

* 이화여대 교정을 거닐며(2018. 4)

조화로 꾸민 정원

나는 속았네
나를 속였네

정원에 심어 놓은 꽃
형형색색 무지개 꽃밭

반갑다 뛰어가서
꽃향기 맛보려 했더니

메마른 조화 냄새
놀랍고 실망하였네

아무리 곱고 예뻐도
향기 없는 조화이거늘

넓고 고운 정원인데
어찌하여 조화를 심었을고

설마하니
아파트 주민의 인정이
메마른 건 아니겠지…….

가을

소리 없이 왔다가
훌쩍 지나가는
계절인가 했더니

잎새들 물들이고
싸늘한 바람 불러 흩어 놓은
무정한 계절이었네

이별이 아쉬운 내 마음
잎새와 재회를 소리쳐 바라지만
안녕이란 여운만 울릴 뿐이네.

대화 속의 수다

진실을 감추려는 제스처일까
타고난 성격의 순수함일 거야

이해 못하는 상대방은 무엇일까
대화의 역사가 짧은 탓이겠지

대화 속의 수다는
메마른 밥그릇에 부은 국물일 거야

김치 깍두기 한 숟가락 더하면
달콤한 대화가 끝없이 이어질 거야.

씨앗의 번식

부드럽고 달콤한 과육 속에
딱딱한 씨앗의 기다림이 있지요
새들은 그대로 삼키고 떠난다오

멀리멀리 날아간 새들은
외딴 곳에 그 씨앗 분뇨로 버리지요
씨앗은 새 보금자리에 새싹을 틔운다오.

제 3 부

깊어 가는 봄

봄날은 이렇게
소식 없이 다가와
깊어만 가는가
내 어린 날의 추억이 새로워
그리움만 쌓이네.

인사동 거리

인사동 거리에 들어서면
왠지 자부심을 잃고
고개 들고 떳떳하게 걸을 수 없구나

우리 역사 전통과 유물을
자랑하던 거리가 아니던가

소문 듣고 찾아온
외국인의 눈빛은 좌우를 살피고
기대와 희망찬 발길인데

고려인 조선인의 자랑스러운 유물
청자 백자 진열장은 보이지 않고
먹거리 잡화상들만 난무한 거리가 되었으니

외국인 관광객 앞에
미안한 생각이 들어
마음 편치 못함을 어찌하랴.

어떤 인연

사무실 작은 창문 밖
오늘 아침도 까치가 찾아올 시간이다
벌써 십 년도 지났으니
인연치고는 특별한 인연이다

까치는 나의 출근시간을 알고 있다
톡톡 부리로 유리창을 두드린다
나는 재빨리 창문을 열고
빵 조각을 펼쳐 놓는다
물론 내가 만들어 준 작은 판자쪽 밥상이다

창문을 닫고 내 자리에 앉으면
까치는 다시 톡톡 창문을 두드린다
고맙다는 인사를 하고 빵 조각을 물고
지붕 위로 올라간다

다시 내려오기 전

비둘기 한 쌍은 빵 부스러기를 열심히 먹는다
이때 까치가 급히 와서 비둘기를 쫓는다

이제는 가끔
어린 까치 한 쌍이 찾아오기도 한다
어미 까치의 자식일까
그러나 그들은 유리창을 두들겨
인사할 줄 모른다

어떤 날 아침에는
비둘기 쌍쌍이 와서 조잘댄다
유리창을 두들길 줄 모르는 모양이다

까치처럼 정이 가지 않아
처음에는 모른 척하였지만
이제는 찾아온 그들에게도 아침을 준다

출근하지 않는 일요일과 공휴일 아침은
그들은 어디서 아침 식사를 할까
궁금하구나.

가위바위보

인생은
가위바위보

정의로운 선택
희망찬 출발
가위

무언의 실천
굳은 의지
바위

관용과 사랑으로
감싸 주는
보

하루도 쉼 없이
되풀이되는

사랑 넘치는
꽃동산이오

잔잔한 물결
평화로운 호수인 것을.

형님의 부름

소공동 지하상가를 지날 때
발길을 멈추게 하는 족자 한 편

나를 손짓하는 무언의 형님
"송수천년취(松樹千年翠)"

"송지천년취"가 아니오
"아니다 저 자는 나무 수자의 초서야
소나무는 천년을 푸르다"란 말이다

형님의 목소리가 내 귀를 울리니
눈물이 핑 도는 걸 막을 길 없다

나도 형님도 알지 못한 상점 벽에 걸린
형님의 작품 족자 한 편
이제는 유품이 되어
안타까운 내 마음

지날 때마다 형님의 목소리가
내 발길을 멈추게 한다

도대체 형님은 어찌 그리
빨리 세상을 떠났을까

소나무처럼 천년은 말고도
백년도 살지 못하는 인간이 서럽구나.

핑계

엄마가 감춰 놓은 홍시

선반 위에 감춰 둔 홍시가
그렇게도 먹고 싶어

어린 나는
방법을 알아냈지요

엄마가 주는 밥을 먹지 않고
묻는 말에 대꾸를 하지 않았다오

엄마는 답답한 마음에
"뭐 먹고 싶은 것 있니?" 하고 물었습니다

비로소 나는
고개를 들어 선반을 쳐다보았지요

엄마는 얼른 눈치 채고

선반 위 감춰 둔 홍시를 꺼내 주셨지요

나는 말없이 정신없이
홍시를 먹어 치웠지요

철들어
엄마에게 죄송한 생각이 들었답니다.

깊어 가는 봄

광화문 골목 한편
커피숍은 자리가 모자라
안타까운 모양이다

한꺼번에 몰려온 젊은이들
언제부터인가
커피를 즐기는 습관은
걷잡을 수 없는 일이다

새파랗게 싹튼 가로수
높다란 건물 사이로 쏟아지는
햇빛을 안고 춤추며
새로운 삶을 즐긴다

비둘기 한 쌍
가로수를 오가며 속삭이는
사랑 이야기
짐작하고도 남을 듯 하구나

봄을 기다리는 내 마음 안타까워
말없이 서둘렀나

봄날은 이렇게
소식 없이 다가와
깊어만 가는가
내 어린 날의 추억이 새로워
그리움만 쌓이네.

백일홍 꽃 넋이여

총성보다 무서웠던 한파
숨 막히던 남행열차

보자기에 싸여
엄마 품에 안긴 채
고달팠던 1.4 후퇴 피난길

고향에 찾아온
가녀린 숙이는
안타깝게 생을 마치고 말았지

동갑네 사촌 남이마저
세상을 떠날 줄이야

해마다
삼복더위에 찾아온
숙이와 남이의 넋은

한 맺힌 짧은 인생
얼어붙은 몸을 풀고
분홍과 순백으로 피어
백일홍 꽃 넋이 되어 찾아오네.

* 1.4 후퇴 피난길
* 숙이 : 누님의 둘째 딸 이혜숙
* 남이 : 큰집 조카딸 위팔남

꿈꾸는 인생

꿈속의 꿈은
현실의 꿈이요

꿈이 없는 삶은
희망 잃은 인생이거늘

꿈으로 만족치 말고
생활 속 실천으로 옮기라

내일의 태양은
그대를 밝게 비추리라.

산책길

도시 속에 자리한
자그마한 공원 하나

푸른 잔디 틈새로
정다운 오솔길 흐르고

하늘 가리운 숲 속엔
활짝 웃는 백일홍 꽃

메마른 도시인의 마음 적시는
촉촉한 사랑의 미소여

점심시간 틈새 즐기는
짧은 산책길이지만

힘겨운 일과 속에
재충전의 호기일세.

내 친구

그믐달마저
지고 말면

어떻게 찾아갈까
친구 집

꼬리 치며
앞장서는 멍멍이

어떻게
내 맘을 알았나

눈치 빠른
내 친구.

아파트 단지 내 정원

도시 속 정원은
메마른 인정을 멀리하고
자연의 향기 속을 오가며
대화 없는 이웃들과
무언의 소통을 가질 수 있는
공간이거늘

어찌하여
넓은 정원 가득
조화를 심었을꼬
선뜻 이해하기 어려움
그 깊은 뜻이 궁금하구려.

까치

우리 집 사랑채 담장 위에 앉아
무언가 망설인 듯하던 까치

앞마당으로 내려와
온몸을 고개 숙여 조아리더니
지체 없이 담장을 넘어 사라진다

십 분도 지나지 않아
우체부의 편지 배달 소식

편지를 받아 들은 어머니
서울에서 누님이 보내온
형님을 위한 약 봉투라고 했다

희소식을 알리는 까치는
전생에 우리 인간과
어떤 인연을 가졌을까

영원히 우리 인간과 함께
살아야 할 고마운 까치.

* 2019. 4. 3 종로타워 커피숍에서
어린 날 고향 생각을 하며

봄비와 뜨락

뜨락에 촉촉히
봄비 내리던 날이었지

낯익은 손님 낯선 손님
모두를 기다리던 그날

봄비와 뜨락의 꿈은
봄날 새싹처럼 피어나고 있었지

꿈은 희망을 꽃피우고
아름다운 시상을 즐거운 노래로 불러
모두에게 사랑을 베풀었다오.

* 봄비 · 뜨락 : 시가연 부부의 애칭
* 시가연 개업 5주년을 축하하며(2019. 5. 9)

제 4 부

낙엽의 외침

붉게 물들이고
떨어져 누운 슬픔

바람에 떠밀리며
이별이 저리 서러워
마지막 외치는 아쉬움

개나리와 병아리

겹겹이 쌓인 깊은 주름
슬픈 사연 간직한 채
찬눈에 덮인 인고의 세월 지나고

봄비에 젖은 가지마다
노란 꽃잎 곱게 피워
반가워라 손짓하니

갓 태어난 병아리 떼
부끄럽고 수줍어 삐악삐악
엄마 품을 서둘러 파고드네.

봄비

봄이 오네
봄비가 내리네

메마른 가지마다
파란 잎 싹트고
빨강 노랑 꽃이 피네

봄이 오네
봄바람이 부네

움츠린 내 마음도
활짝 핀 한 송이 꽃이오
창공을 나는 종달이라오.

어떤 진열장

상가 앞을 지나는데
발걸음을 멈추게 하는 것

조금은 언짢은 생각이 든다
하필이면 진열장에 해골이라니

미소 짓는 해골은
온통 스톤으로 장식된 머리와 얼굴

어떤 상품을 자랑하기에
사람의 해골을 선보일까

가게 주인은 누구이고
해골을 만들고 장식한 자는

어떤 생각과
어떤 효과를 바라고 있을까

대답할 수 없는 해골은
창문을 열고 들어오란다.

담쟁이덩굴

네가
멈춤 없이 오를 수 있었던 것은
벽이란 버팀이 있었기 때문이지

이제 벽이 없는 허공을 향해
몸부림쳐도 오를 수 없구나

지나친 자만심만 믿고
타의 모범이오 으뜸인 양
독주하던 한 인간이

중생의 신임을 잃고 추락한
실의에 잠긴 위선자 같구나

삶의 진실은
다 함께 상생의 행복을 추구해야
보람찬 생애를 누릴 수 있는 것이지.

산속에 자란 감나무

야산 숲 속에 자란
감나무 한 그루

비좁은 숲 사이를 헤치고
하늘을 향해 염원하는 모습

이곳에 태어난 원인이 궁금하여
하늘에게 묻는가

까치가 물어 온 홍시를 여기에 버렸나
아니면 남기고 간 분뇨 속에
씨앗으로 버려진 곳이었나

꽃을 피우고 감을 키우지만
이 터전의 근원이 궁금하고

선조의 본고장이 그리워
애대우는 심정이다.

내가 걸어온 길

내 평생
걸어온 길은
무슨 길이었나

가시밭길
오솔길
자갈길
징검다리길

더더욱 힘들고
먼 길도 있었지

자동차 길
철길
뱃길
비행기 길

내 평생

걸어온 길은
몇 리나 될까

팔십 평생을
살아 왔으니

팔천 리였을까
팔만 리였을까

아직도
걸어가야 할 길은
몇 리나 남았을까

누구에게 물어봐야 할까.

마지막 잎새

떨어져 누운
가냘픈 잎새 하나

늦게 태어난 탓일까
아직은 어린 잎새

냉혹한 가을바람에
길가에 누운 슬픔이여

행인의 발길에 밟힐까
모른 척 지나가기 어렵구나.

낙엽의 외침

나는 듣노라
낙엽이 외치는 소리

붉게 물들이고
떨어져 누운 슬픔

바람에 떠밀리며
이별이 저리 서러워
마지막 외치는 아쉬움

어느 곳에 잠들거나
돌아올 수 없는 길.

안타까움

핸드폰 메시지로
전해 온 슬픈 소식

지난주는 춘천에서
오늘은 강남 병원에서

노환으로 세상을 떠났다는
대학 동창의 안타까운 알림

가 볼 수도 없는 몸
무거운 마음 달랠 길 없네

주마등처럼 스치는 추억
학창 시절이 그리울 뿐

커피숍 창밖에는
만개한 백일홍 꽃잎

태양과 바람의 찬양 속에
중복의 무더위도 모른 채
너울너울 춤추며 손짓하지만

울적한 내 마음
타계한 동창들의 슬픔에 젖어

시야는 안개 속으로 빠져 들고
정신은 몽롱한 꿈속을 헤맨다.

지팡이 인생

어린 시절은
네발 인생이요

철들어 두발로
열심히 살아야 하는 인생살이

늙고 병들면
세발로 어렵게 버티다가

삶의 언덕을 넘어
돌아올 수 없는 먼 길 떠나는 것

이것이
지팡이 인생이 아니던가.

순리

언덕 위 백일홍 나무
아름다운 분홍꽃이 떨어지네

바람의 성화에 지쳐서일까
개화 백일이 지나 시들음일까

호수에 몸져누운 꽃잎
여울지며 외치는 소리

누구도 거역할 수 없는
대자연의 흐름이라오.

강제 이주

새로 건설한
아파트 단지

넓은 단지 내
정원 장식을 위해
강제 이식시킨
다양한 나무와 화초

제자리 잡지 못하고
말라 죽은 커다란 나무

원치 않는 이주
적응치 못하고 말라 죽었으니

안타까운 하소연
인간은 듣고 있는지

생명의 고귀함을
아는지 모르는지.

두 줄기 눈물

비 내리는 아침
무심코 창문을 바라본다

창문에 흐르는 빗방울
그칠 줄 모르는 물방울

서글픈 이별의 눈물인가
재회의 반가운 눈물인가

꿈을 잃은 안타까움
희망을 찾은 환희

어떤 이는
지울 수 없는 슬픔이오

어떤 이는
멈출 수 없는 기쁨일세

한세상 그침 없이 되풀이되는
인간의 두 줄기 눈물이여.

제 5 부

가을의 대화

미소를 잃지 않고
하늘하늘 고개 저으며
멈춤 없이 이어 가는 속삭임

기웃기웃 잠자리만이
그들의 대화를 엿듣는가

장마철

8월의 마지막 문턱에서
쏟아지는 소낙비
장마철의 변덕을 짐작키 어렵다

하루에도 몇 번을
외출했다가 소낙비에 쫓기고

사무실과 집에 두고 온 우산들
상점에 들러 다시 구입해야 한다

옛날과 달라 값싼 비닐우산이 있기에
주머니 사정 큰 부담 없어 좋구나.

삶과 예술

지구를 터전 삼아
오랜 세월을 살아온 우리 인간

희로애락의 삶은
때로는 파도처럼 밀려 오가며
화산처럼 폭발도 하였지

그러나
삶의 지혜를 결코 포기하지 않고
인내와 희망의 꽃을 피우며
언어와 글, 예술을 창조하고 기록으로 남기며
행복의 역사를 이어 오고 있다오

우리 인간만이 다 함께
즐길 수 있는 보람이오 자랑이라오.

고향의 빈집

반쯤 기울어 초라한 모습
빈집 홀로 덩그러니 남아 있네

처마 밑 제비 집 둥지
거미줄 얽혔으니

강남 간 제비마저
어찌 소식 없더냐

된장 간장 가득 채우고
어머니 손맛 자랑하며
평화롭게 익어 가던 장독대
바닥 돌 몇 개 남은 채
흔적마저 사라지는구나

볏단 펼쳐 널어 탈곡하고
콩깍지 털어 해콩 쏟아 내던
풍성했던 넓은 마당은

잡초밭이 되었구나

그대가 땀 흘리며
내려치던 도루깨소리

내 귀에 들릴 듯도 한다만은
이승을 떠난 지 십 년도 지났다 하네

이웃집 사시던 아주머니
홀로 남은 꼬부랑 할머니
내 이름 기억하고 반겨 주네

바람에 구름 가듯
무심한 세월만 흘렀으니
누구를 원망하리오

빈집만 외로이
고향 마을 지키고 있네.

직업

고급 식당 여 종업원
식탁 정리에 분주하다

바쁜 손길을 보노라니
아침 일찍 식탁준비에 바빴겠지
점심시간 마무리 식탁 정리에
더욱 분주하구나

한편에선 떠들썩한 손님들
남녀노소 모두가 식사에 정신없다

인간 사회에는
다양한 일자리가 있지요
아무나 할 수 없는 전문직이 있는가 하면
손쉽게 할 수 있는 일도 있다오

남이 하고 있는 일을 보며

쉬운 일이라 생각할 수 있지만
모든 일은 나름의 고충과 애로가 있지요.

낙엽을 주우며

나는
낙엽을 줍습니다

낙엽의 서러운 마음을 알기에
나는 낙엽을 주워 모읍니다

팔순을 넘긴 내 마음
알아주는 사람 몇이나 될까요

세월은 어서 가라 떠밀고
내 마음은 굳세게 버티지만

끌려만 가는 내 육신
지팡이는 버팀목이 되지 않습니다.

가을의 대화

푸른 하늘 쳐다보며
코스모스는 무슨 말을 하는가

미소를 잃지 않고
하늘하늘 고개 저으며
멈춤 없이 이어 가는 속삭임

기웃기웃 잠자리만이
그들의 대화를 엿듣는가

인간이 알아들을 수 없는
위대한 자연의 대화 속에

그렇게
가을은 깊어만 가는가.

두물머리

그리움은
얼마나 깊었으리

험난한 산골을 지나
계곡에 이르고
수십 미터 낭떠러지
굴러 떨어지며

급한 마음 서두르다
가시덤불에 찢기고
바위에 부딪혀 갈라지고

보지 못한
그대와의 만남을 놓칠세라
감기고 땅김을 뿌리치며
달려온 보람

넓고 잔잔한 곳에 이르니

부평초 춤추며 반기고
물고기 평화롭게 유영하며
환영하는구나

드디어
껴안아 한 몸이 되고
밤하늘 찬란한 별빛사랑 받아
새 희망을 노래하며 흘러가네

모든 생명 품에 안고
사랑하리라
대양을 향해
망설임 없이 가리라.

커튼

바람은
자꾸만 커튼을 흔들며

창문을 밝혀
늦잠에 빠진 자
일깨우라 한다

커튼은
단잠을 깨울 수 없다며
창문을 가리운다

중천에 오른
태양마저
으름장을 놓지만

커튼은
한사코 창문을 가리운다

바람과 태양
커튼의 충성을
거둘 길 없다.

술래잡기

인생은 술래

술래잡기로 시작하고
술래잡기로 끝나는 인생

이승에서
잡지 못한 술래

저승에서도…….

모래알

해변에 펼친
모래알

강변에 쌓인
모래알

원래는
모래가 아니었지

그 역사
아는 자 누구일까

모래의
물음.

갑을

서로 웃으며
악수하지 않았던가

상생을 약속하며
계약서에 도장 찍었지

전셋집 담보대출 받고
행복한 삶을 위해 시작한 일

약속을 어긴 자
횡포와 협박의 끈을
버리지 않는다

계산기 두드리고 두드려 봐도
적자만이 늘어난 안타까움

빈혈의 아내
책가방 멘 아이의 모습

가슴을 조여 온다

이것이 오늘날
갑과 을
상생의 아이러니.

시의 산고(産苦)

하늘은 푸름이 깊어만 가고
산야는 붉게 짙어 가는 늦가을

나 홀로 산길을 간다

가끔씩
찬 바람이 고요를 깨고 스친다

붉게 물든 잎새들
우수수 슬픔을 토하며
이별을 고하는 소리

나에게 남기는
잎새의 마지막 여운
걸음을 멈추고 귀 기울이지만

멧새의 지저귐마저
나에게 부담을 줄 뿐

이 자연이 내게 던지는
메시지를 어떻게 대변할까
펜을 들고 고심에 잠긴다.

어떤 장식

아파트 단지 내 화단
높은 공간에 매달린
다양한 색깔의 작은 우산들

비 오는 날 우산이오
햇빛 따가울 때 양산이거늘

메마른 허공에 매달려
바람에 흔들리는 모양은
왠지 서럽게 보일 뿐이다

장식이라기보다
제 역할을 찾지 못한 아쉬움

아이디어를 제공한 자의
참뜻이 궁금할 뿐이다.

제 6 부

겨울 둥지

이제는
메마른 가지에
앙상한 둥지로 남아
누구를 기다리고 있나

구름과 바람

하늘을 가리운 구름은
뭉치고 흩어지고
멈추다가 달려간다

다시 돌아와
아름다운 동화의 세상을 펼친다

토끼가 뛰어오는가 했더니
백마가 달려가고
호랑이가 쫓아온다
여우는 꼬리를 내리고 몸을 감춘다

갑자기 계곡을 흘러
쏟아지는 폭포수
"나이아가라"가 아닌가

잠시도 멈추지 않는
변신의 귀재

작품을 만들고 지우고
쫓고 도망치는 신비로운 연출

그러나
지치고 서러움에 겨워
무겁고 어두운 마음 가누지 못할 때
한없이 울어 대는 구름의 눈물

이 모든 변신은
보이지 않는 바람의 소행이다

바람은 도대체
누구의 소망이오 바램일까.

커피숍의 만상

커다란 커피숍
떠들썩한 시장에 들어온 기분

정담과 추억담은 즐겁지만
타인의 배려가 없는 큰 소리 너털웃음

더하여
카운터의 커피 만드는 기계 소리
귀를 자극하는 음반의 소음까지

커피 맛에 취해 명상을 하고
나만의 생각을 가다듬을 공간인가 했더니
기대는 깨지고 으스러지네

이명에 시달릴까 걱정이 앞서
메모지 움켜쥐고 서둘러 떠난다.

비움과 채움

비움은
채움의 아쉬움이오

채움은
비움의 만족이거늘

비움과 채움
끝이 없는 영원함이여.

별들에게 묻노라

고요한 밤하늘
별들에게 묻노라

동산 위에 보름달은
언제쯤 떠오를까

별들은 대답 않고
저희끼리 속삭이더니

보름달 기다리는
사연을 말하라네

계수나무 아래 토끼 한 쌍
불로장생 약방아 찧어

나에게도 한 첩
준다고 했지요.

동행길

하늘이 맺어 준
영원한 인연

근원을 아는 자 없고
궁금해하는 자 없다

눈에 덮인 길
비에 젖은 길

험난한 가시밭길
아름다운 꽃길

한 시대를
함께 살아가는 길.

전관예우(前官禮遇)

법전을 달달 외우더니
남들이 넘지 못한
관문을 넘어 법복을 입었지

남다른 기억력과
정신을 집중했을 뿐인데
천재라고 모두가 부러워했지

하지만
법복 안자락 깊숙이 젖은
오염된 악취를 털지 못하고

브로커의 유혹에 매료되어
법 앞에 평등한 민초들의
권리를 외면하고

관행인 양 예우를 앞세워
배부름만 채우다가

기요탱의 역사를 잊었던가

범법자의 형량까지 껴안은
천하의 어리석음이여.

* 기요탱(Guillotine): 단두대(사형틀)를 만든 프랑스 사람으로 훗날 그도 역시 단두대에 처형당한 사람이다.

주얼리의 탄생

인간의 소유 욕망 속에는
사치욕이 자리 잡고 있지요

사치 욕망 속에는
남다르게 돋보이려는
자기 자랑이 싹트고 있다오

그래서
인간은 처음부터
보석을 찾고 있었지요

그러나
소유하기 어려운 보석

바닷가 조개껍질 주워
목걸이 팔찌 반지 귀걸이 등을 만들어
자랑스럽게 몸을 장식하였다오

남들이 장식하고 있는
천연색을 탈피하려고
각가지 색깔을 염색하여
또 다른 모양을 자랑하였으니

오늘날
액세서리 만능의 시대가 온 것이다.

명동 산책

명동거리를 걷는다
오늘따라 관광객이 많이 보인다

돌이켜 생각하면
우리처럼 슬픈 역사를
가진 나라도 드물다

일제에 억압받던 긴 세월
동족상잔의 쓰라린 육이오 사변

민족의 자존심을 밟히고
무수한 생명을 잃었던
절망과 굶주림의 역사

그러나
우리 민족은 끝까지
버티고 극복하였지

이제
세계 10대 경제 대국을 건설하고

타국의 선망 대상이 되었기에
매스컴의 빠른 소식을 듣고
모든 나라 사람들이 몰려오고 있다

우리는 당연히
민족의 자부심을
새로운 도전으로 이어 가야 하리.

낙엽을 바라보며

어제는
가냘픈 낙엽 하나

저곳 인도 위에
쉽게 누워 있었지

청소부의 빗자루에 쓸려
어느 곳에 버려졌을까

비 내리는 오늘
그곳을 지나는
내 마음을 쉽게 하네

아름다웠던 내 인생
일생을 마치고 떠날 때
내 몸은 어느 곳에 버려질까

살아생전 염원하던
평화로운 영면의 꿈을 꽃피울
그곳에 버려졌으면…….

겨울 둥지

높다란 고목나무 가지에
외롭게 매달린 둥지 하나

우거진 녹음 속에
새 생명이 속삭이던
행복했던 보금자리

이제는
메마른 가지에
앙상한 둥지로 남아
누구를 기다리고 있나

눈 덮인
추운 겨울 지나고
봄날에 찾아올 새 주인
누구일까 너는 알고 있겠지

기다림이
그리움이
저 푸른 하늘 높이
봄안개처럼 피어오르네.

창밖을 바라보며

무심코 행길을 바라본다

정신없이 오고 가는 자동차들
색깔도 다양하고
생김새와 크기도 서로 다르다

목적지는 물론 다르겠지만
쫓기는 듯 질주하는 모습은 한결같구나

우리 인간은 어찌하여
한평생을 저리도 바쁘게 살아야 할까

시간을 단축하고
편리하고 자유롭게 살기 위해
자동차를 만들었지만

이것이 더욱

우리 인간을 바쁘게 만든
수단으로 바뀐 것이 아닐까.

홀리데이 윈도(Holiday window)

백화점 쇼윈도는
행인을 손짓하는
무언의 호객 행위

눈부신 장식은
풍성한 매력과
달콤한 유혹으로

행인의 발길을
멈추게 한다.

겨울이 오면 · 1

빽빽하던
자작나무숲

그토록 풍성했던 시절
잎은 다 어느 곳으로 떠났나

앙상한 가지들만
다소곳이 껴안고
눈꽃을 피웠네

따사로운 햇살을 바라며
봄이 오는 날까지
하늘에 염원하는 갸륵한 모습.

겨울이 오면 · 2

추수가 끝난
들판의 모습

도시인의 눈에는
쓸쓸한 들판으로 보일지라도

내년을 준비하는
농부의 마음은
기다림과 희망이 손짓하는

쉴 틈 없는 땅이오
예약된 풍년의 흙이라오.

위맹량 시집
별들에게 묻노라

초판 인쇄 2019 년 9 월 3 일
초판 발행 2019 년 9 월 9 일

지은이 | 위맹량
펴낸이 | 김효열
편 집 | 이미정
마케팅 | 김효숙 · 김영미 · 박미옥

펴낸곳 | **을지출판공사**

등록번호 | 1985 년 2 월 14 일 제 2-741 호
주 소 | 서울시 마포구 양화진길41, 603호
우편번호 | 04083
대표전화 | 02) 334-4050
팩시밀리 | 02) 334-4010
전자우편 | ejp4050@hanmail.net

값 15,000원

ISBN 978-89-7566-181-5 03810